Gerda Reinscheid

# Basteln mit Kindern
# Dinos und Drachen

FALKEN

In dieser Reihe sind viele weitere Titel erschienen. Fragen Sie Ihren Buchhändler.
Das Nachbilden der Modelle ist ausschließlich zum privaten Gebrauch gestattet. Alle in diesem Buch veröffentlichten Modelle sind urheberrechtlich geschützt und dürfen nur mit ausdrücklicher Genehmigung des Verlages gewerblich genutzt oder ausgewertet werden.

Die Deutsche Bibliothek - CIP-Einheitsaufnahme

**Basteln mit Kindern – Dinos und Drachen** / Gerda Reinscheid. – Niedernhausen/Ts. : FALKEN, 1994
(Schönes Hobby)
ISBN 3-8068-5279-0

ISBN 3 8068 5279 0


Titelbild: Michael Zorn, Wiesbaden
Umschlaggestaltung: Jürgen Szillat
Fotos: Michael Zorn, Wiesbaden
Zeichnungen: Daniela Schneider, Frankfurt a. M.
Reinzeichnung des Vorlagebogens: Ulrike Hoffmann, Bodenheim
Redaktion: Christiane Rückel, Daniela Maag
Herstellung: Josef Jung
Die Ratschläge in diesem Buch sind von der Autorin und vom Verlag sorgfältig erwogen und geprüft, dennoch kann eine Garantie nicht übernommen werden. Eine Haftung der Autorin bzw. des Verlags und seiner Beauftragten für Personen-, Sach- und Vermögensschäden sind ausgeschlossen.
Satz: FALKEN Verlag, Niedernhausen/Ts.
Druck: Appl, Wemding

817 2635 4453 6271

# INHALT

# DINOS UND DRACHEN

Keine anderen Tiere haben eine solche Wirkung auf Menschen jeden Alters und beider Geschlechter wie Dinosaurier – und das, obwohl sie schon seit Millionen Jahren ausgestorben sind.
Insbesondere Kinder erliegen der Faszination dieser Tiere. Auf die Frage, warum dies so ist, gibt es zwar viele Antworten, doch keine konnte dieses Phänomen bisher ausreichend erklären.
Da es nur begrenzte Informationen über die ausgestorbenen Riesen gibt, läßt der wissenschaftliche Freiraum viel Platz für Phantasie. Geradezu mit Genuß lernen Kinder die oft zungenbrecherischen Namen der Saurierarten und alles, was sie über deren Leben in Erfahrung bringen können. Im Spiel setzen sie dieses um, erfinden neue Arten und entwickeln eigene Lebensräume.

Diese Faszination für Tiere gilt auch für Wesen, die nur Produkte der Phantasie und der Mythen sind – die Drachen. Während in den deutschen Sagen der Lind- oder Tatzelwurm immer für das Böse steht, sehen die Chinesen in ihm ein Sinnbild des Glücks und des Himmels.
Wonniges Schaudern wird von Märchen erzeugt, in denen Drachen vorkommen. Welches Kind ist nicht begeistert von Geschichten über einen bösen Drachen, der eine schöne Prinzessin gefangenhält, die dann von einem starken und mutigen Helden befreit wird. Wer hat sich nicht als Kind oftmals gewünscht, die Prinzessin oder der strahlende Ritter zu sein!
Die in diesem Buch vorgestellten farbenprächtigen Dinos und Drachen sind erfundene Fabeltiere. Durch ihr freundliches Äußeres erwecken sie Begeisterung sowohl bei Kindern als auch bei Erwachsenen.
Alle Objekte können von Kindern leicht nachgearbeitet werden – wenn auch an manchen Stellen die unterstützende Hand eines Erwachsenen durchaus hilfreich sein kann.

# SANDBILDER

**Das brauchen Sie:
Pauspapier,
Bleistift,
verschieden-
farbigen
Tonkarton,
Pritt Alleskleber,
Sand,
feines Handsieb**

Dino- und Drachensandbilder sehen sehr schön aus. Man kann sie zum Beispiel rahmen oder aber als Einladungskarten verwenden. Und auch die Kleinsten sind in der Lage, die Sandbilder nachzubasteln.

Als erstes übertragen Sie mit Hilfe von Pauspapier und eines Bleistifts das gewünschte Motiv vom Vorlagebogen auf Tonkarton. Dann bestreichen Sie die gesamte Fläche des Dinos mit flüssigem Alleskleber. Arbeiten Sie zügig, damit der Klebstoff nicht antrocknet!

Füllen Sie ein Sieb mit trockenem Sand, und bestreuen Sie das Motiv damit. Kippen Sie nun vorsichtig den Karton, und schütteln Sie den überschüssigen Sand ab. Jetzt legen Sie die Bilder zum Trocknen aus.

# EINLADUNGSKARTEN

**Das brauchen Sie:**
**Pauspapier,**
**Bleistift,**
**verschieden-farbigen Tonkarton,**
**Schere,**
**weißes Briefpapier,**
**festes Transparent-papier,**
**Büroklammern,**
**verschiedenfarbige Wachsmalkreiden,**
**Bleistiftspitzer,**
**Bügeleisen,**
**Pritt Stift**

Über selbstgebastelte Einladungs- oder Glückwunschkarten freut sich jeder Adressat, denn sie sind ein individuelles, und persönliches Geschenk. Noch größer ist sicherlich die Begeisterung, wenn ein Drache oder gar ein Dino darauf abgebildet ist.
Zunächst übertragen Sie die Grundform der gewählten Karte vom Vorlagebogen auf Tonkarton. Schneiden Sie diese an der äußeren durchgezogenen Linie aus. Dann werden die Karten an der gestrichelten Linie aufeinander gefaltet.
Die Kartengrundform ist jeweils mit einem Drachenmotiv verziert, das in der Wachsbügeltechnik angefertigt wird. Dazu übertragen Sie zunächst mit Hilfe eines Bleistifts und des Pauspapiers die gewählte Motivvorlage vom Vorlagebogen auf das weiße Briefpapier. Schneiden Sie nun das Innere des Motivs aus. Legen Sie diese Negativschablone auf das feste Transparentpapier, und heften Sie beide Teile mit Büroklammern zusammen.
Dann werden verschiedenfarbige Wachsmalkreiden so gespitzt, daß die Wachsspäne auf das ausgeschnittene Motiv fallen. Hier gilt: Je mehr Farben, desto bunter wird später der Drache. Legen Sie ein neues Transparentpapier auf die Späne, und bügeln Sie mit dem heißen Bügeleisen (Einstellung Baumwolle) einige Sekunden darüber. Nehmen Sie nun das Transparentpapier und die Schablone ab.
Jetzt muß der Drache nur noch ausgeschnitten und auf die Vorderseite der Tonkartonkarte geklebt werden.

**Um schöne Farbverläufe zu erzielen, sollten Sie Farben verwenden, die miteinander harmonieren**

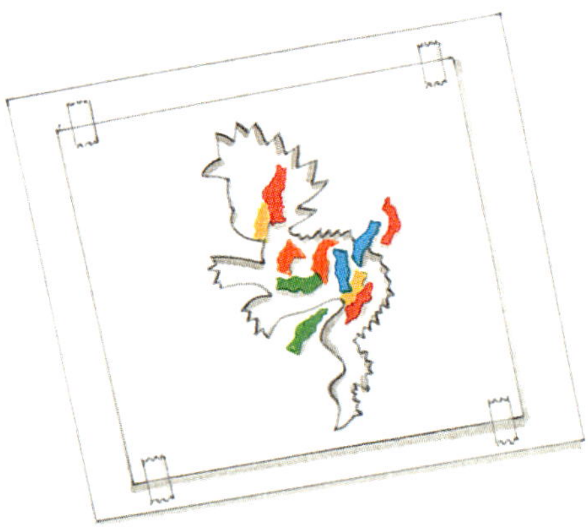

# TISCHSETS

**Das brauchen Sie: weißen Tonkarton, Schere, Pauspapier, Bleistift, grüne, gelbe und schwarze wasserlösliche Farben (Wasser- oder Plakafarben), Pinsel, selbstklebende Folie**

Tischsets sorgen nicht nur dafür, daß die Tischdecke sauber bleibt, wenn mal was von der Gabel fällt – sie machen einen schön gedeckten Tisch zusätzlich auch zu einem wahren Augenschmaus.
Zunächst bringen Sie mit einer Schere den weißen Tonkarton in die Form, die die Tischsets haben sollen. Dann übertragen Sie mit Hilfe von Pauspapier und eines Bleistifts das gewünschte Motiv vom Vorlagebogen auf den weißen Karton.
Nun wird der kleine Dino mit wasserlöslichen Farben zum Leben erweckt. Das leuchtende Grün erhalten Sie, wenn Sie Dunkelgrün mit etwas Gelb vermischen. Mit dieser Farbe und einem Pinsel wird dann der gesamte Körper ausgemalt.
Ausgenommen sind Bauch und Haarschopf, die einen gelben Anstrich erhalten, sowie die Augen, die schwarz gemalt werden. Zum Schluß zieht man die Konturen des Dinos mit dunkelgrüner Farbe nach.
Gräser oder andere urzeitliche Pflanzen können Sie je nach Talent und Phantasie hinzufügen.
Sind die Tischsets vollständig getrocknet, werden sie von beiden Seiten mit selbstklebender Folie bezogen. Die überstehende Folie am Rand des Kartons entlang abschneiden.

**Die Konturen des kleinen Dinos werden sorgfältig mit grüner und gelber Farbe ausgemalt**

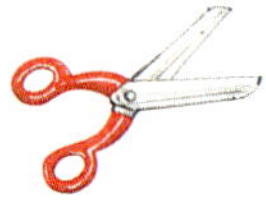

# MOOSGUMMI-URTIERE

**Das brauchen Sie: verschiedenfarbige 3 mm starke Moosgummiplatten (40 x 30 cm), Pauspapier, Bleistift, Scheren (Sihouetten- und Zackenschere), Pritt Alleskleber (oder Klebepistole), Pinzette**

Moosgummi eignet sich besonders gut für das Basteln von Dinos und Drachen. Dieses preisgünstige, weiche Material läßt sich leicht schneiden, ist wasserfest und bleicht nicht aus. Es ist im Handel in vielen verschiedenen Farben, aber auch bunt gestreift oder anders gemustert erhältlich.

Zunächst übertragen Sie mit Hilfe eines Bleistifts und des Pauspapiers die Motivvorlage des Drachenkörpers einmal, alle anderen Teile zweimal vom Vorlagebogen auf die jeweilige Moosgummiplatte. Schneiden Sie alle Teile sorgfältig mit einer Schere aus. Rundungen lassen sich sehr einfach mit einer Silhouetten-, und die Zacken mit der Zackenschere anfertigen.

Die bunten Flecken, die jedem Drachen sein unverwechselbares Äußeres geben, sind ohne Vorlage frei aus Moosgummiresten geschnitten worden. Diese können Sie natürlich je nach Phantasie individuell verändern, so daß jeder Drache seine ganz persönliche Note erhält.

Die einzelnen Teile kleben Sie nun jeweils mit Pritt Alleskleber auf die Vorder- und Rückseite des Drachenkörpers auf. Wollen Sie eine besonders große Haltbarkeit erzeugen, verwenden Sie eine Klebepistole. Aber Vorsicht: Dieses Werkzeug gehört nicht unbeaufsichtigt in Kinderhände!

**Erst durch die bunten Flecken und dem Gesicht erhält jeder Drache sein unverwechselbares Aussehen**

## WANDBILD-DRACHE

Dieser niedliche fliegende Drache wird wie das Grundmodell hergestellt. Er erhält einen Aufhänger aus einem Nylonfaden. Dieser wird rechts am Flügel angebracht, damit der kleine Drache die Balance hält und nicht zum Sturzflug ansetzt.

Dieser Dino wirkt richtig echt in der prähistorischen Pflanzenwelt! Denken Sie daran, auf beiden Seiten des Dinos das Rückenmuster anzubringen. Zum Schluß befestigen Sie einen Schaschlikspieß auf der Rückseite des Dinos.

## BLUMENTOPF-DINO

# SCHMUCK UND ACCESSOIRES

**Sehr schön sind Schmuckstücke und Accessoires aus Moosgummi. Selbst ausrangierte Modelle können so völlig umgestaltet werden.
Für neue Kreationen bietet der Fachhandel Rohlinge für Broschen, Ketten, Armreifen, Ansteck- oder Krawattennadeln an.**

**Die verschiedenen Dinos und Drachen werden vom Vorlagebogen auf Moosgummi abgepaust, ausgeschnitten und auf den Schmuckrohling geklebt.
Je nach Geschmack können Sie die einzelnen Modelle mit Straßsteinen, Glimmer oder Silbersternchen verzieren.**

# FENSTERBILDER

**Das brauchen Sie: Pauspapier, Bleistift, Bastel- und Silhouettenschere, verschiedenfarbigen Tonkarton, Tonkartonreste, Pritt Alleskleber, spitze Sticknadel, Nylonfaden**

Dinos und Drachen sehen als Fensterbilder nicht nur schön aus, sondern wecken insbesondere bei Kindern Begeisterung. Als Arbeitsmaterial eignet sich Tonkarton sehr gut , der in zahlreichen Farben erhältlich ist.

Als erstes übertragen Sie mit Hilfe von Pauspapier und eines Bleistifts einmal die gesamte Grundfläche des Drachenmotivs an den äußeren Konturen entlang vom Vorlagebogen auf roten Tonkarton. Das gleiche Verfahren wenden Sie für die Arme und die Beine auf dunkelgrünem sowie für den Bauch auf hellgrünem Tonkarton an. Diese Teile benötigen Sie zweimal, da das Fensterbild von beiden Seiten gleich aussehen soll. Schneiden Sie alle Teile des Drachens aus.

Nun zeichnen Sie die Flecken, die unterschiedliche Formen besitzen können, auf weißen Tonkarton auf. Ebenfalls weiß werden die Augen und die Nasenlöcher. Für die Pupille verwenden Sie Reste von schwarzem Tonkarton. Augen und Nasenlöcher müssen Sie zweimal basteln.

Bevor Sie alle Teile auf die Vorder- und Rückseite kleben, sollten Sie diese zunächst passend aufeinanderlegen. Tauchen dabei Ungleichmäßigkeiten auf, sollte man sie jetzt korrigieren.

Mit einer spitzen Sticknadel stechen Sie dann abschließend ein Loch oben in den Kopf des Drachens. Durch dieses wird der Aufhänger aus Nylonfaden für das Fensterbild gezogen.

**Arme und Beine werden auf den Körper geklebt**

# DER GROSSE LAUFDRACHE

**Dieser grüngelbe Drache ist sehr einfach herzustellen und kann deshalb auch von Kindern selbständig nachgebastelt werden. Die Arbeiten an dem Laufdrachen sind die gleichen wie zuvor am roten Zacken-Dino.**

Pausen Sie den Körper einmal, die anderen Teile zweimal vom Vorlagebogen ab. Die Beine benötigen Sie allerdings viermal. Schneiden Sie die Teile aus.

Der Körper und der Kopf werden von dem gelben Mund verbunden. Sein nettes und lausbubenhaftes Aussehen erhält der Dino durch die strubbeligen Haare.

## DRACHE MIT BABY

**Dieses Fensterbild erhält seinen besonderen Reiz durch die transparenten Flügel. Alle Motivteile bis auf die beliebig vielen Zacken des Drachens benötigen Sie zweimal.**

**Zwischen den beiden Flügeln befestigen Sie die Lackfolie. Das Baby kleben Sie zwischen die Arme und die Flügel zwischen die beiden Körperteile.**

## TRANSPARENT-DRACHE

Durch diesen kleinen Drachen kann man hindurchgucken. Dazu schneiden Sie in regelmäßigen Abständen Löcher in den Körper. Die Lackfolie, deren Farbe Ihrem Geschmack überlassen ist, kleben Sie dann passend zwischen die beiden Körperteile. Gesicht und Beine werden zum Schluß auf der Vorder- und Rückseite angebracht.

# MOBILE

**Das brauchen Sie: Pauspapier, Bleistift, Bastel- und Silhouettenschere, verschiedenfarbigen Tonkarton, Tonkartonreste, Pritt Alleskleber, spitze Sticknadel, Nylonfaden, Holzleiste oder Bambusstab**

Der grüne Dino, der bereits die Tischsets ziert, sieht auch als Mobile lustig aus. Wie bei den Fensterbildern wird auch für diese Bastelarbeit Tonkarton in verschiedenen Farben verwendet. Die farbige Gestaltung ist dabei ganz Ihrem Geschmack überlassen.
Zunächst übertragen Sie mit Hilfe eines Bleistifts und des Pauspapiers einmal das gesamte Dino-Grundmotiv an den äußeren Konturen entlang vom Vorlagebogen auf Tonkarton. Alle Kleinteile, wie Bauch, Brust und Kopfschmuck, müssen doppelt angefertigt werden.
Schneiden Sie alle Teile mit einer Silhouettenschere aus, da man mit ihr leicht und sehr genau Rundungen arbeiten kann. Legen Sie alle Teile aufeinander, und beachten Sie dabei, daß nichts seitenverkehrt angeordnet ist. Kleben Sie alle Teile jeweils auf Vorder- und Rückseite auf.
Sind die Dinos fertiggestellt, bohren Sie mit der Nadel jeweils ein Loch in den Kopfschmuck, durch das Sie einen Nylonfaden ziehen. Befestigen Sie die Dinos mit verschieden langen Fäden an einen Holzstab.

**Nach und nach werden alle Dinos in unterschiedlicher Länge an den Holzstab befestigt**

# HAMPEL-DRACHE

**Das brauchen Sie:**
**Pauspapier,**
**Bleistift,**
**verschieden-farbiger Tonkarton,**
**Tonkartonreste,**
**Schere,**
**spitze Sticknadel,**
**Pritt Alleskleber,**
**Bindfaden,**
**4 Musterklammern,**
**Wollfaden,**
**1 große Perle**

Einen Hampelmann kennt jeder – aber wer hat schon einen bunten, feuerspeienden Drachen im Kinderzimmer, der seine Arme und Beine bewegt, wenn man an der Schnur zieht?
Zunächst übertragen Sie mit Hilfe eines Bleistifts und des Pauspapiers die einzelnen Teile des Drachens vom Vorlagebogen auf Tonkarton. Für den Körper können Sie zum Beispiel blauen und für Arme, Beine und Bauch roten Karton verwenden. Vergessen Sie die Markierungspunkte für die spätere Montage nicht.
Schneiden Sie nun alle Einzelteile aus, und durchstechen Sie mit einer Nadel die Markierungspunkte. Vergrößern Sie die Löcher, durch die die Musterklammern gesteckt werden sollen, mit der Scherenspitze.
Jetzt werden der Bauch und das Gesicht sowie je nach Wunsch die Flecken und Dreiecke aufgeklebt. Mit den Musterklammern befestigen Sie die Arme und die Beine am Körper.
Fädeln Sie nun den Bindfaden in das Nadelöhr, und ziehen Sie auf der Rückseite des Drachens die Nadel durch das zweite Loch – zunächst im rechten und dann im linken Arm. Verknoten Sie den Faden, und führen Sie die Nadel durch das Loch im rechten und anschließend im linken Bein.
Knoten Sie den Bindfaden mit einem Wollfaden zusammen, an dessen Ende eine dicke Holzperle befestigt ist. Und fertig ist der Hampel-Drache!

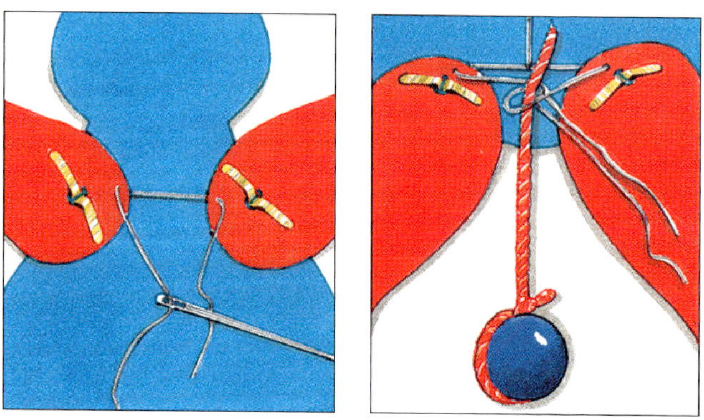

**Zuerst verbindet man die beiden Arme mit Hilfe eines Fadens. Dieser wird dann durch die Beine gezogen und mit dem dicken Wollfaden verknotet**

# DINO-UHR

**Das brauchen Sie: Pauspapier, Bleistift, Bastel- und Silhouettenschere, dunkelgrünen Tonkarton, Pritt Alleskleber, roten, grünen und gelben Filz, rote, weiße und schwarze Moosgummiplatten, Nylonfaden**

Auch Kinder müssen irgendwann lernen, was die Uhr geschlagen hat. Und warum nicht mit Hilfe eines Dinos oder Drachens? Da alle Kinder diese Tiere lieben, fällt es ihnen so leichter, mit den Uhrzeiten umzugehen.

Als erstes übertragen Sie mit Hilfe von Pauspapier und eines Bleistifts das Grundmotiv vom Vorlagebogen auf dunkelgrünen Tonkarton. Diese Grundform dient zur Stabilität der Dino-Uhr. Dann werden die einzelnen Körperteile und der Haarschopf aufgemalt und ausgeschnitten.

Den Grundriß des Körpers übertragen Sie auf den grünen Filz und schneiden ihn aus. Bestreichen Sie den Tonkarton dünn mit Pritt Alleskleber, und legen Sie vorsichtig den Filz darauf. Ebenso gehen Sie bei den Armen, Beinen und Haaren vor.

Auf Moosgummi werden die Uhr, die Ziffern und die Zeiger aufgezeichnet, ausgeschnitten und aufgeklebt. Dann wird die Uhr auf den Dino-Körper fixiert. In die Mitte der Uhr und in die Enden der Zeiger bohren Sie mit einer Nadel Löcher. Durch diese wird eine Musterklammer gesteckt, die man auf der Rückseite der Dino-Uhr festklemmt.

Mit kleinen Schlaufen aus Nylonfaden an Kopf und Schwanz wird die Dino-Uhr an der Wand des Kinderzimmers befestigt.

**Die Uhr wird im Uhrzeigersinn mit den Zahlen beklebt**

12
1
2
3
4
5
6
7
8
9
10
11

# STOFFMALEREI

**Das brauchen Sie: T-Shirt oder ein anderes Kleidungsstück, festen Karton, Wäscheklammern, Pauspapier, Bleistift, Schere, verschiedenfarbige Stoffmalfarben (zum Beispiel von JAVANA), Bügeleisen**

Nicht nur kleine Dino- und Drachenfans freuen sich über ein T-Shirt oder über ein anderes Kleidungsstück, auf dem in schönen bunten Farben das entsprechende Lieblingstier abgebildet ist.

Bevor Sie den Stoff bemalen, sollten Sie zunächst das Kleidungsstück gründlich waschen, trocknen lassen und glattbügeln. Um zu vermeiden, daß beim Bemalen die Farbe auf den darunterliegenden Stoff durchfärbt, legen Sie ein Stück festen Karton dazwischen. Spannen Sie den Stoff mit Hilfe von Wäscheklammern, so daß eine glatte Malfläche entsteht und nichts verrutschen kann.

Nun übertragen Sie mit dem Pausverfahren die Vorlage für den kleinen Dino oder Drachen vom Vorlagebogen direkt auf das T-Shirt. Je nach Geschmack malen Sie dann das Motiv großflächig mit Stoffmalfarben aus. Für große Flächen sind Farben empfehlenswert, die mit einem Pinsel aufgetragen werden; für Feinarbeiten dagegen sollte man Stoffmalstifte verwenden.

Anschließend ziehen Sie mit der schwarzen Farbe noch einmal die feinen Konturen nach. Wenn die Farben getrocknet sind, fixieren Sie diese, indem Sie die Rückseite der bemalten Fläche fünf Minuten lang bügeln (Einstellung Baumwolle).

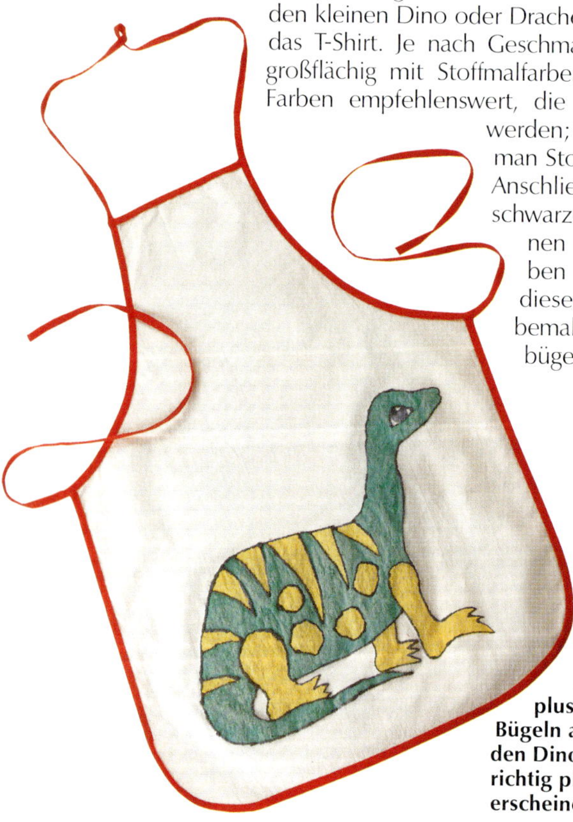

**Diese Schürze wurde mit Plusterfarben bemalt. Sie plustern sich beim Bügeln auf und lassen den Dino dadurch richtig plastisch erscheinen.**

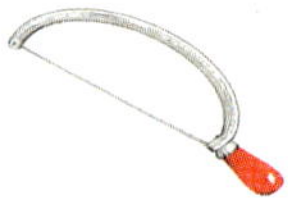

# LAUBSÄGE-DINOS

**Das brauchen Sie:**
**Pauspapier,**
**Bleistift,**
**Schere,**
**Sperrholz**
**(10 mm dick,**
**Größe je nach**
**Motiv),**
**Laubsäge,**
**Schmirgelpapier,**
**verschiedenfarbige**
**Beize in**
**Pulverform,**
**Gläser,**
**Pinsel**

Laubsägearbeiten sind nicht ganz einfach und erfordern einiges an Geschick und Erfahrung mit dem Material Holz. Die kleinen Laubsäge-Dinos sollten Kinder deshalb nur mit Hilfe von einem Erwachsenen nacharbeiten.
Zunächst übertragen Sie mit Hilfe eines Bleistifts und des Pauspapiers das Dino-Motiv vom Vorlagebogen auf das Sperrholz. Mit der Laubsäge werden die Umrisse ausgesägt.
Etwaige Unebenheiten können Sie mit Schmirgelpapier beseitigen. Mit einem Bleistift malen Sie dann die Konturen der Arme, der Beine und der Rückenmusterung auf.
Die Beize wird entsprechend der Anleitung des Herstellers in verschiedenen Gläsern angerührt. Mit einem Pinsel tragen Sie erst die hellen, dann die dunklen Farben auf. Je nachdem, welchen Effekt Sie erzielen wollen, arbeiten Sie naß in naß, oder lassen Sie die aufgetragene Farbe kurz antrocknen. Die Beize verläuft stets in Richtung Maserung des Holzes.
Vergessen Sie nicht, auch die Ränder des Dinos mit der entsprechenden Farbe zu versehen! Ist die eine Seite getrocknet, bemalen Sie die Rückseite. Malen Sie mit schwarzer und weißer Farbe die Augen.

**Mit Hilfe von Beize in verschiedenen Farben werden individuelle Fellzeichnungen erzielt**

# DRACHEN-PUZZLE

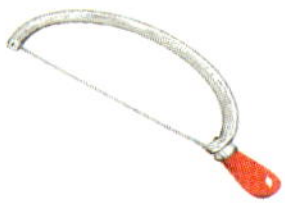

**Das brauchen Sie:**
**3 mm starke Sperrholzplatte (40 x 40 cm), Laubsäge, Bleistift, Schmirgelpapier, Klebeband, Pauspapier, wasserlösliche Farben (z. B. Plakafarben), Pinsel, Klarlack**

Wie wäre es mit einem solchen selbstgemachten Drachen-Puzzle? Mit ein wenig Übung in Laubsägearbeiten ist es leicht nachzuarbeiten. Auch Kinder sind dazu in der Lage, selbst wenn manchmal die Hilfe eines Erwachsenen vonnöten ist.

Zuerst sägen Sie aus einer Sperrholzplatte ein Rechteck oder Quadrat heraus. Das hier gezeigte Puzzle ist 40 x 40 cm groß. Auf die Rückseite dieses Sperrholzstücks zeichnen Sie nun mit einem Bleistift die Puzzlelinien auf.

Mit Hilfe der Laubsäge wird die Holzplatte entlang aller Linien in einzelne Puzzleteile zersägt. Die durch das Sägen etwas rauh gewordenen Ränder glätten Sie mit Schmirgelpapier. Das Puzzle wird nun zusammengelegt und auf einer Seite ganz mit Klebeband beklebt.

Drehen Sie nun das Puzzle um. Mit Hilfe eines Bleistifts und des Pauspapiers übertragen Sie das Drachenmotiv vom Vorlagebogen auf das Sperrholz. Malen Sie das Bild in schönen bunten Farben aus. Um die Farben zu schützen, können Sie das Puzzle abschließend noch mit Klarlack überziehen.

Ist der Lack gut getrocknet, lösen Sie das Klebeband von der Rückseite.

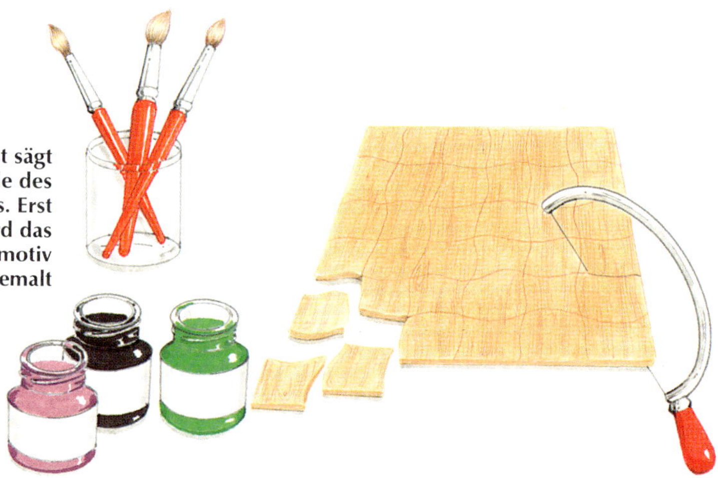

**Zunächst sägt man alle Teile des Puzzles aus. Erst dann wird das Drachenmotiv aufgemalt**

# DINO-LATERNEN

**Das brauchen Sie:
Pauspapier,
Bleistift,
Schere,
3 Bogen grünen
und 1 Bogen
gelben Tonkarton,
rotes oder gelbes
Seidenpapier,
Pritt Alleskleber
(für Tonkarton)
und Pritt Stift
(für Seidenpapier),
spitze Sticknadel,
Laternenstab,
Teelicht oder
Leuchtstab**

Nicht nur am Martinstag kann man mit dieser tollen Dino-Laterne Aufsehen erregen. Zwar benötigen Sie dazu etwas Zeit, wenn es darum geht, die einzelnen Teile zusammenzukleben – aber der Aufwand lohnt sich! Als erstes übertragen Sie zweimal die gesamte Vorlage für die Dino-Grundform an den äußeren Konturen entlang vom Vorlagebogen auf grünen Tonkarton. Vergessen Sie nicht, die Flecken aufzumalen! Dann übertragen Sie die Vorlage für den Mittelstreifen einmal auf den grünen Tonkarton. Die Arme und Beine werden zweimal auf gelben Tonkarton gezeichnet. Schneiden Sie alle Teile aus.

Kleben Sie nun jeweils auf die Rückseite einer Dino-Grundform (einmal seitenverkehrt) das Seidenpapier. Überstehende Stellen werden abgeschnitten. Knicken Sie an beiden Seiten des Mittelstreifens jeweils die Zacken an der gestrichelten Linie nach innen um. Bestreichen Sie auf der Innenseite des einen Körperteils den Rand mit Kleber, und kleben Sie den Mittelstreifen an den Zacken an. Ist der Streifen angetrocknet, wiederholen Sie das gleiche mit dem zweiten Körperteil. Zum Schluß werden die Schwanzenden der beiden Dino-Körper zusammengeklebt. Bringen Sie nun die Arme, die Beine und den Haarschopf auf der Vorder- und Rückseite der Grundform an. Dann stechen Sie jeweils auf beiden Seiten des Kopfes für die Aufhängung parallel ein Loch.

Nun noch ein kleines Teelicht oder ein Leuchtstab in den Bauch des Dinos angebracht und fertig ist die Dino-Laterne.

**Die Zacken des Mittelstreifens werden an den Rand der Innenseite des ersten Körperteils geklebt. Ist der Streifen angetrocknet, wiederholt man das gleiche mit dem anderen Teil**

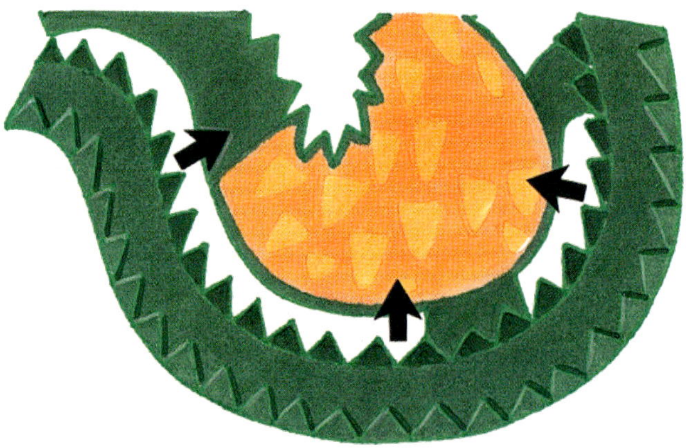

# TISCH-
# LATERNEN

**Diese Dino-Laternen werden nach dem gleichen Verfahren wie die für den Martinstag gebastelt. Damit sie einen festen Stand haben und nicht umfallen, müssen Sie die Beine vorne an den Dino so anbringen, daß es aussieht, als ob er sitzen würde. Die Dino-Tischlaternen können unterschiedliche Größen und Farben haben. Und warum nicht mal mit einer ganzen Dino-Familie einen schön gedeckten Tisch beleuchten?**

# DRACHEN-WINDLICHTER

**Das brauchen Sie: Einmachgläser (z. B. Marmeladen- oder Gurkengläser), Tapetenkleister (Metylan), verschiedenfarbiges Seidenpapier, Pinsel, Bleistift, schwarzen Tonkarton, Silhouettenschere, Pritt Alleskleber**

Wenn man in einer lauen Sommernacht auf dem Balkon sitzt, ist eine helle Beleuchtung störend. Um wieviel angenehmer ist dagegen das Licht dieser hübschen bunten Windlichter mit den kleinen Drachenmotiven!
In Ihrem Keller finden sich sicherlich verschiedene Gläser, die sich als Windlichter eignen. Diese Gläser müssen dickbauchig sein, damit sie nicht platzen, wenn die Kerze längere Zeit brennt. Reinigen Sie die Gläser gründlich.
Rühren Sie in einem Gefäß Tapetenkleister an, und reißen Sie das Seidenpapier in kleine Stücke. Bestreichen Sie das Einmachglas großflächig mit einem Pinsel. Dann kleben Sie Seidenpapierschnipsel auf. Am Boden und am Glasrand lassen Sie sie überlappen, damit ein schöner Abschluß entsteht. Das fertig beklebte Glas wird noch einmal mit Kleister bestrichen, um freie Stellen auszubessern. Zügig arbeiten und den Kleister nicht zu sehr hin- und herstreichen, da das Papier stark färbt! Wenn Sie an einigen Stellen nochmals Papier auftragen, erhalten Sie unterschiedliche Farb- und Lichteffekte. Nun das Glas am besten auf Folie trocknen lassen.
Übertragen Sie mit Hilfe von Pauspapier und eines Bleistifts das Drachenmotiv vom Vorlagebogen mehrmals auf schwarzen Tonkarton. Schneiden Sie die Motive mit der Silhouettenschere aus. Mit Pritt Alleskleber werden die Drachen an den Gläsern befestigt.

**Auf das mit Kleister bestrichene Glas werden die verschiedenfarbigen Seidenpapierschnipsel geklebt**

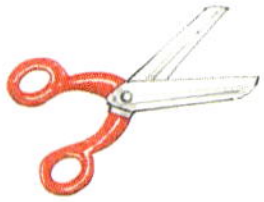

# GESCHENKPAPIER

**Das brauchen Sie:**
**große Bogen Seidenpapier in beliebigen Farben, Pauspapier, Bleistift, Schere, verschiedenfarbigen Tonkarton, Pritt Alleskleber, Gold- oder Silberspray**

Geschenkpapier können Sie sehr einfach und schnell selbst herstellen. Man benötigt dazu nur wenige Materialien, die Überraschung und Freude beim Beschenkten ist allerdings groß.
Das hier vorgestellte Geschenkpapier wurde in zwei verschiedenen Techniken hergestellt. Zum einen ist das Seidenpapier mit Motiven aus Tonkarton beklebt, zum anderen wurden sie mit Hilfe von Farbspraydosen und Schablonen aufgesprüht.
Bei der ersten Herstellungsart übertragen Sie mit Hilfe von Pauspapier und eines Bleistifts das Motiv vom Vorlagebogen beliebig oft auf einen Tonkarton. Die Wahl der Farbe ist Ihrem Geschmack überlassen, sollte jedoch mit der des Seidenpapiers harmonieren. Schneiden Sie alle Teile aus. Die kleinen Dinos oder Drachen werden dann mit Gold- oder Silberfarbe verziert und auf das Papier geklebt.
Um das Seidenpapier mit der zweiten Technik zu basteln, übertragen Sie ebenfalls zunächst die Motivvorlage auf Tonkarton. Schneiden Sie nun das Innere des Motivs aus. Legen Sie diese so gewonnene Negativschablone auf das Seidenpapier, und besprühen Sie das Innere des Dinos oder des Drachen mit Gold- oder Silberspray. Wiederholen Sie den Vorgang beliebig oft, bis das Papier ganz verziert ist.
Natürlich können Sie auch eine Positivschablone verwenden und die Konturen des Motivs mit Farbe besprühen.
Ihrer Phantasie sind bei der Eigenproduktion von Geschenkpapier keine Grenzen gesetzt.

Diese kleine Galerie zeigt Geschenkpapier in den zuvor beschriebenen Gestaltungstechniken. Mit Hilfe von Positiv- und Negativschablonen ist das Seidenpapier mit Motiven besprüht worden (linke Seite).

Zum anderen wurden kleine Dinos und Drachen aus Tonkarton ausgeschnitten und auf das Papier aufgeklebt (rechte Seite).

Welche Variante Ihnen am besten zusagt, müssen Sie für sich selbst entscheiden.